AF322154

44

Lb 7?

VIE

CIVILE, POLITIQUE ET MILITAIRE

DE

NAPOLÉON,

DEPUIS SA NAISSANCE JUSQU'A SA MORT.

Ses Campagnes glorieuses contre toutes les armées d'Europe. — Son départ pour l'Ile Ste-Helène. — Ses dernieres paroles. — Détail sur sa mort et son tombeau. — Les Souvenirs du Peuple, par M. Berenger, chantés sur le Théâtre de l'Ambigu-Comique.

PARIS,

CHEZ GAUTHIER, RUE MAZARINE, N° 49.

1830.

TOMBEAU DE NAPOLEON.

VIE
CIVILE, POLITIQUE ET MILITAIRE
DE
NAPOLÉON.

Napoléon bonaparte, né à Ajaccio en Corse, le 15 août 1769, quitta sa patrie pour venir prendre une place à l'école militaire de Brienne, où il se consacra presque exclusivement à l'étude des sciences exactes. Admis en 1783 à l'école militaire de Paris, en 1785 il entra, en qualité de sous-lieutenant, dans le régiment de La Fère, artillerie.

Le 27 août 1793, Toulon ayant été livré aux Anglais, Bonaparte fut nommé chef de bataillon, commandant l'artillerie de siége, qu'il sut si bien diriger, que cette ville fut reprise le 19 décembre de la même année. Le même jour, il fut nommé général de brigade, commandant l'artillerie de l'armée d'Italie.

Le 13 vendémiaire (5 octobre 1795), fut suivi d'un changement dans le gouvernement. La convention fut dissoute, et un directoire établi, faisant les fonctions de pouvoir exécutif; Bonaparte qui s'était malheureusement signalé dans cette journée, fut nommé général en chef de l'armée d'Italie, dont il alla prendre le commandement, au commencement de 1796; il venait d'épouser Madame de Beauharnais.

Arrivé à cette armée découragée et dénuée de tout, devant un ennemi qui avait tout en sa faveur, il fallait des miracles pour obtenir des victoires; il fallait électriser cette armée par une courte harangue. « Camarades, leur dit-il, vous manquez de tout au milieu » de ces rochers, jetez les yeux sur les riches contrées » qui sont à vos pieds, elles nous appartiennent, » allons en prendre possession. »

Le nœud stratégique de la campagne était la séparation des armées piémontaises et autrichiennes, ce qui eut lieu après les combats de Montenotte, Millesimo, Dégo, Ceva et Mondovi, où les généraux Argentau, Provéra et Beaulieu furent défaits.

Après la prise du pont de Lodi, la bataille qui eut lieu, Bonaparte s'avance vers Mantoue, en battant sans interruption l'ennemi, remporte les batailles d'Arcole et de Rivoli.

Une série de nouveaux succès amène enfin le traité de Campo-Formio, avec l'Autriche, traité qui fut signé le 17 octobre 1797.

Après cette campagne mémorable, Bonaparte revint à Paris, où l'expédition d'Egypte fut décidée; il part de Toulon le 19 mai 1798, avec la flotte. s'empare de Malte le 12 juin, débarque sur les côtes d'Egypte, et emporte d'assaut la ville d'Alexandrie, le 2 juillet suivant ; poursuivant sa route, il arrive aux fameuses Pyramides, et donne la bataille de ce nom. Avant de la livrer, il dit à ses soldats, en étendant les bras vers les Pyramides : « songez que, du haut de ce » monument, quarante siècles vous contemplent. »

Dans son expédition de la Syrie, il établit à Jaffa un hôpital de pestiférés. C'est alors que touchant les plaies des soldats atteints par la contagion, pour les rassurer, il dit en leur souriant : « vous voyez bien que ce n'est rien. »

Obligé de lever le siége de Saint-Jean-d'Acre, il reprend la route du Caire. A son arrivée il apprend que les Turcs se sont rendus maîtres du fort d'Aboukir, le 16 juillet 1799; il les attaque le 25, et remporte sur eux une victoire signalée.

Le 23 août, Bonaparte quitte l'Egypte et l'armée, et débarque à Fréjus le 28 septembre. Rendu à Paris, il y consomme la révolution du 18 brumaire, sans tumulte et sans effusion de sang.

Etablissement du gouvernement consulaire. Bonaparte est nommé premier consul, et s'empare, pour ainsi dire, de tous les pouvoirs ; il se prépare à reconquérir l'Italie, que la France avait perdue pendant son absence, franchit le Mont-Saint-Bernard, à la tête de son armée de réserve, s'empare du fort de Bart, poursuit ses succès ; bientôt Milan tombe en son pouvoir, et le 14 juin 1800 il prit position dans les plaines de Marengo, où le combat s'engage avec les Autrichiens, commandés par Mélas. L'armée française fut d'abord repoussée ; la face du combat change, le premier consul parcourt les rangs : « Français, dit-il, c'est avoir fait trop de pas en » arrière, le moment est arrivé de marcher en avant : » souvenez-vous que mon habitude est de coucher » sur le champ de bataille. » Cette sanglante bataille dura 18 heures ; l'ennemi y fit une perte immense. La paix fut signée le 9 février 1801, et un traité avec l'Angleterre fut pareillement signé à Amiens, le 27 mars 1802. Bonaparte institua la légion d'honneur le 19 mai de la même année, elle fut inaugurée le 14 juillet 1804 ; le 18 mai précédent, il s'était fait proclamer empereur des Français, sous le nom de Napoléon 1er, par le sénat et le corps législatif.

On sait les préparatifs immenses que fit l'empereur pour opérer une descente en Angleterre. On en plaisentait. « On a pu rire à Paris, dit l'empereur, de » mon projet d'invasion en Angleterre ; mais Pitt n'en » riait pas à Londres, il eut bientôt mesuré toute » l'étendue du danger : aussi me jeta t-il une coalition » sur le dos, au moment où je levais le bras pour le » frapper. » Cette coalition était composée de la Russie, de l'Autriche et de la Suède ; cette alliance fut signée le 11 avril 1805.

Napoléon lève aussitôt son camp de Boulogne. Bientôt après une suite de succès non interrompue, l'empereur fit son entrée à Vienne le 13 novembre, et poursuivant le cours de ses glorieux exploits, il dirigea sa marche sur Braun. Les empereurs François et Alexandre s'étaient concentrés sur le village d'Austerlitz. Napoléon saisit d'un coup d'œil leur dessein, et mesura leur fausse position... « Avant demain au » soir, s'écria-t-il, en inspiré, cette armée sera à » moi. » La lutte fut de courte durée, les masses du nord furent enfoncées.

Malgré trois coalitions des plus grandes puissances de l'Europe, anéanties par Napoléon, une quatrième ligue se forme dans le nord ; le roi de Prusse est à la tête. Le 14 octobre 1806, une affaire générale s'engagea sur le plateau d'Yéna, et la victoire se rangea encore sous les drapeaux français. La victoire avait fait un pacte avec Napoléon ; il entre dans Postdam, où il s'empare de l'épée du grand Frédéric, qu'il envoye au gouverneur des Invalides, « qui, dit-il, la » gardera comme un témoignage des victoires mémo- » rables de la grande armée, et de la vengeance » qu'elle a tirée des désastres de Rosback. »

Enfin, le 27 octobre, l'empereur éternisa son entrée à Berlin, par un trait sublime de clémence. Le prince de Hatzfeld avait conspiré contre les jours de Napoléon ; la preuve de son crime était écrite de sa main : *brûlez cette lettre,* dit le nouveau César à la jeune épouse du prince allemand ; *cette pièce anéantie, je ne pourrai plus le condamner.*

Bientôt commença la campagne contre les Russes. Le 8 février 1807, se donna la bataille d'Eylau, où la victoire fut si vaillamment disputée par l'ennemi ; il fallut acheter la paix par de nouveaux combats, qui se terminèrent par la mémorable bataille de Friedland, qui fut livrée et gagnée par Napoléon, le 14 juin 1807, anniversaire de la victoire de Marengo. Le 21 un armistice fut signé à Tilsitt. L'entrevue des deux empereurs eut lieu le 25, sur le Niémen, et la paix fut signée entre la France et la Russie, le 7 juillet, et entre la France et la Prusse, le 9 du même mois.

En 1808, eut lieu la conquête du Portugal, et dans les premiers jours de juin, commencèrent les affaires d'Espagne. Des troubles divisaient la famille royale ; une faction venait de contraindre le roi Charles IV à céder la couronne à son fils Ferdinand VII. Napoléon s'annonce comme médiateur ; une double abdication s'ensuivit ; les deux princes déchus furent envoyés en France comme prisonniers, et Joseph, roi de Naples, fut appelé à régner sur l'Espagne.

Les Espagnols s'insurgèrent. Napoléon arrive à Vittoria le 5 novembre, et dans les premiers jours de décembre, après une suite nombreuse de succès, il entre victorieux à Madrid.

Sur de nouveaux armemens faits par l'Autriche, l'empereur quitte l'Espagne, et arrive à Dillingen, le 16 mars 1809, et après une suite non interrompue de combats, l'armée française entre dans Vienne, le 13 mai. Le 2 juillet, des hostilités sérieuses recommencèrent sur le Danube, et le 6 se donna la bataille de Wagram, où les Autrichiens firent une perte immense.

A cette époque, un jeune insensé tente d'assassiner Napoléon; saisi à temps, il fut fusillé.

Un traité de paix avec l'Autriche, fut signé le 14 octobre. Une des clauses du traité de Vienne, fut le mariage de Napoléon, avec l'archi-duchesse Marie-Louise, mariage qui eut lieu en 1810. L'empereur avait fait précédemment prononcer son divorce avec l'impératrice Joséphine. De cette union naquit un fils, auquel fut conféré le titre pompeux de roi de Rome.

De ce moment la fortune commença à abandonner Napoléon. De nouveaux démêlés avec la Russie, amenèrent une rupture avec cette puissance. L'empereur avait fait des préparatifs immenses, et au mois d'avril, la grande armée, forte de 400,000 hommes d'infanterie, 60,000 chevaux et 1200 pièces d'artillerie, passa l'Oder et se porta sur la Vistule, qu'elle franchit bientôt. L'armée russe était beaucoup plus considérable.

Nous n'entrerons pas dans les détails de cette guerre, où l'armée française se couvrit de gloire. Marchant de succès en succès, elle s'avance dans le cœur de la Russie, et après les batailles de la Moscowa et de Mojaïsk, * elle arriva sans obstacle jusqu'aux portes de Moskow. Napoléon fit son entrée dans cette ville, le 14 septembre; l'armée s'y établit

* L'ennemi abandonna cette place, comme il avait abandonné toutes les villes, tous les villages, depuis Smolensk, après l'avoir brûlée.

le même jour, un incendie effroyable se manifeste aussitôt; il dura dix jours; 9000 maisons devinrent la proie des flammes. Le Kremlin fut épargné.

La Russie, après avoir rejeté les propositions de paix faites par Napoléon, commença alors les hostilités. A cette nouvelle, l'empereur quitta Moskow, le 18 octobre, accompagné seulement de Caulaincourt.

Dès le 2 novembre, la famine et le froid firent sentir leur funeste aiguillon à l'armée française, qui n'offrit bientôt plus que d'immenses débris, une démoralisation et une insubordination complètes. Harcelée de toutes parts, elle fut dirigée sur la Bérésina, où elle effectua son passage sur la fin de novembre, en essuyant le désastre le plus épouvantable.

Quoi qu'il en soit, Napoléon se rendit en toute hâte à Paris, où il arriva le 18 décembre. Un sénatus-consulte ordonna une levée de 200,000 conscrits, et l'empereur se prépara à de nouveaux combats; bientôt la bataille de Lutzen gagnée sur les puissances coalisées, le 2 mai 1813, prouva que des conscrits égalaient en valeur les plus vieilles moustaches.

« Ce n'est rien, à cette bataille, disait Napoléon aux
» conscrits, en soutenant de son cheval, en travers,
» le troisième rang de l'infanterie. Tenez ferme, la
» patrie vous regarde : sachez mourir pour elle!...
» quand on ne craint pas la mort, on la fait rentrer
» dans les rangs ennemis. »

Peu de jours après cette victoire, Napoléon fit son entrée à Dresde, d'où il partit le 18 mai, arriva à Bautzen le 19, où se livra une seconde bataille; les alliés y perdirent 20,000 hommes. Ce fut à cette journée que Duroc fut tué. La perte de ce fidèle serviteur mit le comble à l'affliction de l'empereur. « Duroc, lui dit-il, il est une autre vie, c'est là que
» vous irez m'attendre, et que nous nous reverrons. »

A la fin du mois d'août se donna la bataille de Dresde, que Napoléon gagna sur les coalisés. Un des premiers boulets français lancés dans la matinée, blessa mortellement le général Moreau, devenu premier aide-de-camp de l'autocrate des Russies, et le canon de Dresde vengea la France, des efforts sacriléges d'un enfant ingrat.

Les journées sanglantes de Leipsick, des 18 et 19 octobre, signalèrent les époques désastreuses de l'armée française, où tout sembla se réunir contre elle, défection de ses alliés, et pont sur l'Elster rompu, au moment où une grande partie de nos troupes devait le passer, ce qui causa une perte considérable d'hommes, et d'une grande quantité de munitions et du matériel de l'armée. A cette déroute vint se joindre une épidémie qui emportait chaque jour 500 individus. Napoléon se vit successivement enlever presque toutes ses conquêtes.

La campagne de 1814 s'ouvrit alors, les alliés passèrent le Rhin, et s'avancèrent à grandes journées pour pénétrer en France. L'empereur, pour s'opposer à ce torrent, partit de Paris le 25 janvier, se battit à Brienne ; la victoire demeura indécise entre les deux camps, mais il fut plus heureux à Champ-Aubert, à Montmirail, à Vaux-Champs et à Nangis, les 10, 11, 14 et 16 février, où les alliés perdirent beaucoup de monde, tant en morts, blessés que prisonniers.

Le 17, l'armée française attaqua les alliés sur les hauteurs de Montereau. Napoléon, avec 30,000 hommes et 60 pièces de canon, s'avança pour enlever la position. Les soldats murmuraient en voyant l'empereur s'exposer. « Ne craignez rien, mes amis, » s'écria-t-il, le boulet qui me tuera, n'est pas encore » fondu.. » Le succès de cette journée et quelques avantages obtenus, furent les derniers de cette campagne.

Dans le cours du mois de mars, l'armée française n'éprouva que des échecs et des pertes. Napoléon, trahi par quelques uns de ses généraux, fit de vains efforts pour arrêter les alliés dans leur marche sur Paris ; le 29 mars, le quartier général des souverains s'établit à Bondy.

Rien n'était disposé pour la défense de la capitale

Quoi qu'il en soit, avec de faibles moyens, on résista encore, et on obtint quelques avantages. La position meurtrière que les élèves de l'école Polytechnique occupaient sur la butte Saint-Chaumont, coûta 7 à 8000 hommes à l'ennemi; il fallut tuer ces intrépides jeunes gens sur leurs pièces, pour en éteindre le feu. Le 30 mars, à huit heures du soir, la ville de Paris capitula.

Tout s'était réuni contre l'empereur des Français, pour le déterminer à abdiquer; il abdiqua en effet, et par le traité fait avec les alliés, il est relégué à l'île d'Elbe.

Il était alors à Fontainebleau avec sa vieille garde. Avant son départ pour cette île, il fit ses adieux aux braves qui la composaient, et les termina ainsi : » adieu, mes enfans, je voudrais vous presser tous » sur mon cœur; que j'embrasse au moins votre dra- » peau. » A ces mots, le général Petit saisit l'aigle des grenadiers, l'empereur reçoit le général dans ses bras, et couvre de baisers cet insigne victorieux.

Arrivé à l'île d'Elbe, suivi de quelques uns de ses généraux, et d'un bataillon de sa garde, Napoléon changea dans l'espace de quelques mois, la face de son petit empire, qu'il rendit florissant, de pauvre et misérable qu'il était.

Les Bourbons qui lui avaient succédé au trône, ne comprenant pas leur position, ne firent que des injustices, des sottises et par conséquent des mécontens. Napoléon instruit de tout ce qui se passait en France, et appelé par les vœux de l'armée, prépara secrètement son retour dans son ancien empire. Après avoir rassemblé sa petite troupe, il lui fait connaître par une brusque harangue, la tentative chevaleresque à laquelle elle est associée; un cri unanime de *vive l'empereur*, accueille cette communication. On s'embarque, on part.

Sa flotille était composée d'un brick portant 26 canons et 400 grenadiers, et de trois autres bâtimens légers, montés par 200 hommes d'infanterie, 200 chevaux corses et environ 100 chevau-légers polonais.

L'expédition ayant pris terre au golfe Juan le premier mars 1815, le bivouac de Napoléon fut établi dans un champ d'oliviers : « voilà, dit-il, un heureux » présage, puisse-t-il se réaliser ! »

La marche de l'empereur à travers le royaume de France, ressemblait à une continuelle solennité. Jusqu'à quelques lieues de Grenoble, aucun corps armé ne s'était présenté à Napoléon ; ce fut le jeune colonel La Bédoyère, qui amena le premier régiment avec intention de le combattre. Que vit-il ? Les grenadiers de la vieille garde, suivant, avec la plus parfaite sécurité, les sentiers qui bordaient la route, portant l'arme renversée. Napoléon marchait au milieu d'eux avec la même tranquillité... A cet aspect, la troupe de La Bédoyère s'est arrêtée indécise... L'empereur s'avance au-devant du régiment. « Eh bien ! mes enfans, dit-» il, quel est celui d'entre vous qui voudra tirer sur » son empereur? » Un cri général de *vive l'empereur* est l'unique réponse qu'il reçoit, et les braves des deux corps se sont confondus.

Jusqu'à Lyon, il est suivi par toutes les populations et les militaires qui se trouvent sur sa route. Arrivé dans cette ville, la garnison se réunit à lui, pour ainsi dire en présence de Monsieur, depuis Charles x, qui, délaissé, prit le parti de retourner à Paris. L'armée, sous les ordres du général Ney, se joignit encore à Napoléon.

Celui-ci cependant s'approchait de la capitale ; l'enthousiasme s'accrut au lieu de se refroidir. Rendu à Paris le 20 mars, il y fut reçu comme il l'avait été partout.

Le congrès de Vienne, alors par sa déclaration du 30 avril, annonça à l'Europe, que la France ne voulait plus de Napoléon, et que les souverains allaient s'armer de nouveau, pour lui rendre le gouvernement des Bourbons, qui, à l'entrée de l'empereur, avaient quitté la France. Napoléon fit alors ses préparatifs, pour détourner la tempête qui allait fondre sur sa tête.

Une fête fut annoncée sous le nom de *Champ-de-Mai* ; elle eut lieu au Champ-de-Mars. Cette solennité avait pour triple objet, l'ouverture des chambres, la présentation à l'empereur du résultat des votes sur l'acte additionnel, et la remise des Aigles aux gardes nationales et à l'armée. Des députations des départemens et de tous les corps de l'armée avaient été appelées à Paris.

Placé sur un trône, qui dominait les autres constructions faites au Champ-de-Mars, Napoléon fit entendre un discours animé, où l'on remarqua les passages suivans :

« Empereur, consul, soldat, je tiens tout du
» peuple ; dans la prospérité, dans l'adversité, sur le
» champ de bataille, au conseil, sur le trône, dans
» l'exil, la France a été l'objet unique de mes pensées
» et de mes actions... Français, ma volonté est celle
» du peuple, mes droits sont les siens ; mon honneur,
» ma gloire, mon bonheur, ne peuvent être autres
» que l'honneur, la gloire et le bonheur de la
» France. »

Napoléon partit le 12 juin de Paris, pour aller commander l'armée, et arriva à Avesnes le 13.

Les forces que la France, à cette époque, réunissait sur différens points, offraient un effectif de 300,000 hommes, mais il n'y avait que 150,000 fantassins et 35000 chevaux, en état d'entrer en campagne.

La grande armée à la tête de laquelle marchait Napoléon, présentait un total de 100,000 combattans ; la cavalerie ne s'élevait pas au-dessus de 16,000 hommes.

Les ennemis que l'on avait à combattre immédiatement, étaient les Prussiens et les Anglais, réunis en Belgique, sous les ordres du lord Wellington et du maréchal Blucher.

Le 15 juin l'armée passa la Sambre ; le Prussien Ziethen, qui voulut un moment en défendre le passage, fut repoussé sur Charleroi, où bientôt les Français entrèrent aux cris de vive l'empereur ! vive la France! Parvenus à se rallier sur les hauteurs de Fleurus, les Prussiens furent chargés par notre cavalerie, et enfoncés.

Le 16, les colonnes françaises débouchèrent dans les plaines de Fleurus. Blucher avec 90,000 hommes, occupait les hauteurs de Bry, de Sombref, et les villages de Ligny et de Saint-Amand. Les 100,000 hommes, sous les ordres de Wellington, étaient postés entre Ath, Nivelle, Jemmapes et Saint-Amand. A trois heures, Napoléon fit attaquer simultanément Ligny, que l'ennemi défendit avec acharnement; sept fois ce village fut pris et repris. De la possession de ce poste dépendait le succès de la journée. Enfin l'ennemi fut enfoncé, et le champ de bataille nous resta.

La bataille de Ligny fut des plus sanglantes; elle pouvait être décisive, le maréchal Ney en compromit le résultat. Elle servit du moins à séparer l'armée prussienne d'avec l'armée anglaise. L'ennemi perdit 30,000 hommes dans cette journée, et l'armée française eut à regretter un peu plus de 15,000 hommes, tués ou mis hors de combat.

Le 17, Napoléon disposa son armée en deux colonnes, l'une forte de 65,000 hommes, dont il se réserva le commandement, l'autre de 36,000 combattans, sous les ordres du maréchal de Grouchy. Le 18 tout se prépara pour une grande affaire, qui devait décider du sort de Napoléon. La bataille de Waterloo se donna, et fut perdue par la faute de Grouchy et du maréchal Ney.

« J'aurais gagné la bataille de Waterloo, sans
» Grouchy, a dit Napoléon, non pas qu'il ait agi dans
» l'intention de me trahir, mais il y avait chez lui
» défaut d'énergie. C'est de la part de quelques mem-
» bres de son état-major qu'il y a eu trahison... Ses
» manœuvres inouïes, au lieu de me garantir une
» victoire certaine, ont, avec celles de Ney, con-
» sommé ma perte. »

Au milieu des hauts faits de cette journée déplorable, nous ne devons pas passer sous silence, l'action de Cambronne; ce général, à la tête d'une colonne de grenadiers de la garde, ne cessa de résister aux ennemis. Devant lui et ses braves s'élève une redoute. » Rendez-vous, braves Français! » leur crient les soldats anglais, qui les admirent en les combattant. « *Non*, répond Cambronne, *la Garde meurt et ne » se rend pas!* » Aucun de ces braves ne se rendit; pas un seul ne resta debout.

Napoléon se rendit le 19 à Philippeville, d'où il expédia des ordres à ses divers généraux, pour se rallier le plus tôt possible sur Avesnes, Philippeville et Laon. Ces dispositions faites, il se rendit à Paris; il voulait rester à l'armée, mais ses généraux le détournèrent de ce projet. « Eh bien! puisque vous le » voulez, dit-il, j'irai à Paris, mais je suis persuadé » que vous me faites faire une sottise, ma vraie place » est ici. » Et il avait raison.

Arrivé dans la capitale, Napoléon trouva les chambres opposées à ses vues; des commissaires furent nommés pour régir à sa place, ce qui l'obligea d'abdiquer en faveur de son fils.

Le 21, il se retira à Malmaison. Il se préparait à passer aux États-Unis; mais Fouché, duc d'Otrante, membre de la commission, avait déjà pris ses précautions pour le rendre prisonnier des Anglais. Le 29 juin, il monta en voiture à cinq heures du soir : sa suite se composait de MM. Bertrand, Montholon, Gourgaud, Las Cases, etc. Mesdames Bertrand et Montholon voulurent accompagner leurs époux. Rendu à Rochefort, bientôt apparurent les croisières anglaises sur les côtes de La Rochelle. Les frégates *la Saale* et *la Méduse,* qui devaient le transporter en Amérique, ne purent appareiller; il descendit à l'île d'Aix.

Le 11 juillet, Napoléon envoya demander à l'amiral anglais, s'il était autorisé à lui laisser libre le passage : la réponse de cet amiral fut vague et ambiguë. Quoi qu'il en soit, croyant devoir se confier à la générosité anglaise, le 15, au matin, il se rendit à bord du *Belléropkon*, où il fut reçu avec les plus grands honneurs. C'est de ce vaisseau qu'il écrivit au prince régent d'Angleterre, depuis Georges IV, la lettre suivante :

« ALTESSE ROYALE,

» En butte aux factions qui divisent mon pays, et
» à l'inimitié des puissances de l'Europe, j'ai terminé
» ma carrière politique, et je viens, comme Thémis-
» tocle, m'asseoir aux foyers du peuple britannique.
» Je me mets sous la protection de ses lois, que je
» réclame de Votre Altesse Royale, comme du plus
» puissant, du plus constant et du plus généreux de
» mes ennemis. »

Signé NAPOLÉON.

Le ministère anglais, le plus machiavélique qui soit au monde, à son arrivée à Plymouth, lui fit annoncer qu'il ne lui était pas permis de mettre le pied sur le sol anglais, et bientôt il lui fit savoir que les alliés le considéraient comme prisonnier de guerre, et qu'il serait renfermé à Sainte-Hélène. Napoléon protesta contre cette détermination ; mais que pouvait alors sa protestation contre la force et la perfidie !...

On fit alors des dispositions pour son exil, et *le Northumberland* fut destiné pour le transporter à l'île Sainte-Hélène. Napoléon monta à bord de ce vaisseau le 7 août 1815. Lorsqu'il fut arrivé à la hauteur du cap de la Hogue, apercevant les côtes de France : « adieu, dit-il d'un accent profondément ému, adieu,
» terre des braves ! Adieu, chère France ! Quelques
» traîtres de moins, tu serais encore la grande nation,
» la maîtresse de l'univers. »

Le 18 octobre l'ex-empereur débarqua dans sa terre d'exil, à Sainte-Hélène. Sa position si différente de ce qu'elle avait été, lui fit articuler ces paroles : « Les malheurs ont aussi
» leur héroïsme et leur gloire... L'adversité manquait à ma
» carrière... Si je fusse mort sur le trône, dans le nuage de

» ma toute-puissance, je serais demeuré un problème pour
» bien des gens; aujourd'hui, grâce à mon malheur, on
» pourra me juger à nu. »

Napoléon passa les deux premiers mois de sa captivité dans
le pavillon d'un honnête insulaire, nommé Balcombe. Ce
lieu, où l'ex-empereur fit établir son lit de camp, fut tout
à la fois la chambre à coucher, le salon, la salle à manger
et le cabinet de travail. Las Cases et son fils occupèrent le
grenier, le valet de chambre de service, enveloppé dans son
manteau, couchait sur le carreau dans la chambre de Napoléon.

Après deux mois, le prisonnier alla prendre possession
de l'habitation de Longwood, un peu moins resserrée que
celle qu'il venait de quitter, mais beaucoup plus incommode
d'un autre côté par la surveillance odieuse du gouverneur.

On sait que l'île Sainte-Hélène est très-mal saine; le
terme de 45 ans est le dernier période de la vie de l'insulaire.
Que l'on juge par là de l'influence meurtrière de ce climat
sur les Européens. Deux maladies, que leur intensité assi-
mile aux maladies contagieuses, la dyssenterie et l'hépatite,
règnent continuellement à Sainte-Hélène. D'après cela, on
ne doit pas être surpris que Napoléon s'écriât : « Tout est
» gradation dans ce monde : l'île d'Elbe, trouvée si mau-
» vaise il y a un an, est un lieu de délices comparée à Sainte-
» Hélène. Quant à Sainte-Hélène, elle peut défier tous les
» regrets à venir. »

L'insalubrité de cette île fut un calcul politique du cabinet
anglais, qui chercha dans l'atmosphère un auxiliaire contre
la crainte que lui inspirait son prisonnier.

Indépendamment de l'influence maligne du climat, sir
Hudson Lowe, gouverneur de l'île, chercha, dans les pri-
vations de tous genres, à rendre la vie du prisonnier aussi
acerbe qu'il fut possible.

Ce gouverneur redoublait chaque jour de surveillance sur
Napoléon; il chicanait continuellement MM. Bertrand et
Montholon sur des objets qui ne provoquaient aucunes observations : chaque jour nouvelles scènes aussi désagréables
que vexatoires.

Les plaisirs de la conversation étaient, pour ainsi dire, le
principal délassement de Napoléon : il aimait à s'entretenir
avec son chirurgien O'Meara, qui venait le voir presque
tous les jours.

Malgré les réclamations de Napoléon, le gouverneur de
Sainte-Hélène, d'après les instructions de son gouvernement, le traita toujours de *général* Bonaparte, et toute sa
correspondance lui assigne un titre que ce dernier rejetait,
comme étant inconvenant à celui qui, sous le titre d'em-

pereur, avait reçu dans son antichambre des princes et des rois.

La manière dont Napoléon vivait à Sainte-Hélène variait très-peu. L'heure de son lever n'était pas régulière; généralement il dormait peu. souvent il se levait à trois ou quatre heures; il lisait alors ou il écrivait jusqu'à six ou sept heures, et lorsque le temps était beau, il sortait quelquefois à cheval, suivi d'un de ses généraux, ou il se recouchait pour une heure ou deux. Il déjeunait tantôt en particulier, tantôt dans la salle à manger avec tout le monde, et toujours à la fourchette. Après le déjeuner, il dictait ordinairement plusieurs heures consécutives à quelqu'un de sa suite, et sur les trois heures il admettait les personnes qu'il avait consenti de recevoir. Son dîner ne durait pas plus de vingt minutes ou d'une demi-heure; il mangeait avec appétit et très-vite; rarement buvait-il plus d'une demi-bouteille de vin à ce repas, encore le mouillait-il beaucoup. Après dîner il jouait aux échecs ou au whist, mais le plus ordinairement il s'entretenait avec les convives, ou lisait haut pendant une heure; il se mettait au lit à dix ou onze heures.

Le séjour de Sainte-Hélène était loin d'être propice à Napoléon; il y fut presque toujours malade, et l'on ne peut douter que l'insalubrité du climat n'ait beaucoup avancé ses jours.

Sur la fin de 1819, sa maladie commença à empirer : le docteur Antommarchi qui avait succédé au chirurgien O'Meara pour lui donner ses soins, se rendit auprès de lui; voici le premier entretien qu'ils eurent ensemble.

Napoléon. Eh bien! docteur, dois-je troubler encore long-temps la digestion des rois?

Antommarchi. Vous leur survivrez, sire.

Napoléon. Je le crois. Ils ne mettront pas au ban de l'Europe le bruit de nos victoires; il traversera les siècles, il proclamera les vainqueurs et les vaincus, ceux qui furent généreux, et ceux qui ne le furent pas.

Antommarchi. Vous ne touchez pas au terme; il vous reste un long espace à parcourir.

Napoléon. Non, docteur, l'œuvre anglaise se consomme; je ne puis aller loin sous cet affreux climat... Le passage d'une vie active à une réclusion complète a tout détruit. j'ai pris de l'embonpoint, j'ai perdu mon énergie, le ressort est détendu...

Un matin étant au jardin avec le même docteur, il promena ses yeux à droite et à gauche, et lui dit avec une impression pénible :

« Ah! docteur, où est la France? Où est son riant climat? Si je pouvais la contempler encore!.... si je pouvais respirer au moins un peu d'air qui eût touché cet heureux pays! quel spécifique que le sol qui nous a vus naître! Antée réparait ses forces en touchant la terre. Ce prodige se renouvellerait pour moi; je le sens, je serais revivifié si j'apercevais nos côtes! j'oubliais que la lâcheté a fait une surprise à la victoire; on n'appelle pas de ses décisions... »

Chaque jour la maladie de Napoléon prenait un caractère plus alarmant; le 26 décembre 1820, la nouvelle de la mort de sa sœur Elisa le plongea dans une espèce de stupeur; le 24 janvier 1821, il se trouva encore plus mal; il avait le pressentiment de sa fin prochaine; un affaiblissement qui devint de plus en plus accablant depuis le 17 mars, le contraignit de s'aliter souvent. Il prenait fort peu d'alimens. Le 7 avril il disait au docteur Antommarchi : « Eh bien! ce n'est pas encore cette fois. » Le 11, l'empereur souffrait beaucoup; les extrémités inférieures étaient atteintes d'un froid glacial, que le docteur Antommarchi chercha à dissiper par des fomentations; le 18, le docteur insista sur la nécessité de quelques médicamens. « Non, docteur, répondit le malade; l'Angleterre réclame mon cadavre; il ne faut pas la faire attendre. »

Le 21, il fit appeler l'abbé Vignali, son aumônier, et lui commanda une chapelle ardente.

Le 28, l'empereur chargea le docteur Antommarchi de faire, après sa mort, l'autopsie de son cadavre et de communiquer à son fils les observations qu'il aurait faites.

L'état de Napoléon alla toujours en empirant. Le 2 mai, à deux heures après midi, la fièvre redoubla; le délire s'y joignit. Il parlait de la France, de son fils, de ses compagnons de gloire. « Steingel, Desaix, Massena! ah! la victoire se décide ; allez, courez, pressez la charge; ils sont à nous. » A neuf heures la fièvre diminua; l'empereur avait recouvré la raison.

Le 3 au matin, il sembla aller mieux ; mais vers le midi, le mal reprit son intensité; alors il adressa solennellement un petit discours à ses exécuteurs testamentaires, MM. Bertrand et Montholon.

Le 4 mai, Napoléon continua d'être très-malade. Une lueur d'espoir cependant fut permise ce jour, mais il fallut y renoncer le 5. Toutefois, jamais on ne vit d'agonie plus calme : aucun signe de douleur ne parut sur le visage du mourant, aucune plainte ne lui échappa. A cinq heures et demie du soir, il prononça assez distinctement ces mots : *tête!... armée!...* Ce furent les derniers qu'il proféra. Un peu après, Napoléon croise avec effort ses bras sur sa poitrine. Il est six heures moins six minutes : il touche à sa fin; ses lèvres se couvrent d'une légère écume; il n'est plus...

Napoléon fut exposé, les 6 et 7 mai, sur le lit de camp qui lui avait servi dans toutes ses campagnes, aux regards de la garnison et des habitans de l'île.

Hudson Lowe consentit à ce qu'on l'inhumât près de la fontaine qu'il avait désignée pour être le lieu de sa sépulture, en cas qu'on ne voulût pas permettre que sa dépouille mortelle fût transportée, soit en France, soit à Ajaccio en Corse.

Le 8, vers midi, il fut placé sur le char funèbre; le manteau de Marengo servait de drap mortuaire. Les musiciens de la garnison, disposés par groupes sur les hauteurs le long de la route que devait parcourir le cortége, faisaient retentir l'air d'une lugubre harmonie. Vingt-quatre grenadiers furent choisis dans les différens corps pour porter le cercueil * dans les défilés où le char ne pouvait passer; enfin il fut descendu, au bruit d'une salve de 11 coups de canon, dans une fosse revêtue de maçonnerie; une énorme pierre en scella l'ouverture.

Le 21 avril, Napoléon avait fait un testament, dans lequel il institua les comtes de Montholon, Bertrand et Marchand, son valet de chambre, ses exécuteurs testamentaires. Ce testament est connu et a été imprimé dans tous les formats; ce qui nous dispense d'en rapporter les clauses et conditions.

---

* Le corps de Napoléon fut déposé dans un quadruple cercueil : le premier de fer-blanc, garni d'une sorte de matelas, d'un oreiller, revêtu de satin blanc; le second d'acajou; le troisième de plomb; le quatrième d'acajou encore, fermé par des vis en fer. Dans le premier de ces quatre cercueils, on avait mis le cœur et l'estomac du défunt. Chacun de ses organes avait été préalablement déposé et scellé dans une coupe d'argent. On mit encore à côté de Napoléon des Aigles, des pièces de toute valeur frappées à son effigie, son couvert, son couteau, une assiète avec ses armes.

LES SOUVENIRS DU PEUPLE.

Air : *Passez votre chemin, beau sire.*

1

On parlera de sa gloire
Sous le chaume bien long-temps.
L'humble toit, dans cinquante ans,
Ne connaîtra plus d'autre histoire.
Là, viendront les villageois
Dire alors à quelque vieille :
Par des récits d'autrefois,
Mère, abrégez notre veille.
Bien, dit-on, qu'il nous ait nui,
Le peuple encor le révère,
    Oui, le révère.
Parlez-nous de lui, grand'mère :
    Parlez-nous de lui. (bis)

2

Mes enfans, dans ce village,
Suivi des rois il passa.
Voilà bien long-temps de ça :
Je venais d'entrer en ménage.
A pied grimpant le coteau
Où pour voir je m'étais mise,
Il avait petit chapeau
Avec redingotte grise.
Près de lui je me troublai,
Il me dit : Bonjour, ma chère,
    Bonjour, ma chère.
— Il vous a parlé, grand'mère,
    Il vous a parlé.

3

L'an d'après, moi pauvre femme,
A Paris étant un jour.
Je le vis avec sa cour :
Il se rendait à Notre-Dame
Tous les cœurs étaient contens ;
On admirait son cortége.
Chacun disait : quel beau temps !
Le ciel toujours le protége.
Son sourire était bien doux,
D'un fils Dieu le rendait père,
    Le rendait père.   [mère,
—Quel beau jour pour vous, grand'-
    Quel beau jour pour vous !

4

Mais quand la pauvre Champagne
Fut en proie aux étrangers,
Lui, bravant tous les dangers,
Semblait seul tenir la campagne.
Un soir, tout comme aujourd'hui,
J'entends frapper à la porte :
J'ouvre, bon Dieu ! c'était lui,
Suivi d'une faible escorte.
Il s'asseoit où me voilà,
S'écriant : Oh ! quelle guerre !
    Oh ! quelle guerre !
— Il s'est assis là, grand'mère !
    Il s'est assis là !

5

J'ai faim, dit-il, et bien vite
Je sers piquette et pain bis.
Puis il sèche ses habits ;
Même à dormir le feu l'invite ;
Au réveil, voyant mes pleurs,
Il me dit : Bonne espérance,
Je cours de tous ses malheurs,
Sous Paris, venger la France.
Il part ; et comme un trésor,
J'ai depuis gardé son verre,
    Gardé son verre.
— Vous l'avez encor, grand'mère !
    Vous l'avez encor !

6

Le voici. Mais à sa perte
Le héros fut entraîné,
Lui, qu'un pape a couronné,
Est mort dans une île déserte.
Long-temps aucun ne l'a cru ;
On disait : Il va paraître.
Par mer il est accouru ;
L'étranger va voir son maître.
Quand d'erreur on nous tira,
Ma douleur fut bien amère,
    Fut bien amère.
— Dieu vous bénira, grand'mère !
    Dieu vous bénira. (bis)

PARIS. — IMPRIMERIE LENORMANT FILS, RUE DE SEINE N°